리틀 히포크라테스 08

우리는 왜 아픈 걸까?

리틀 히포크라테스 08

질병

박승준 글
아몬드초콜릿 그림

우리는 왜 아픈 걸까?

봄마중

[리틀 히포크라테스] 시리즈를 시작하며

인류의 역사와 더불어 시작된 의학은 질병에 시달리지 않고

건강하게 사는 방법을 연구하는 학문이에요.

의학은 크게 '기초의학'과 '임상의학'으로 나눌 수 있어요.

기초의학은 인체의 구조와 기능에 관한 기본적인 지식을

연구하고, 임상의학은 환자의 질병을

진단하고 치료하는 방법을 공부하는 분야예요.

사람의 생명을 다루는 의학은 어렵고 힘든 일이지만

그만큼 보람이 크고 매력적이기도 해요.

최근 들어 의사가 되려는 어린이들이 늘면서

의학에 대한 관심도 높아지고 있어요.

[리틀 히포크라테스] 시리즈는 어린이들이

인체와 생명의 소중함을 생각하고

의사라는 직업에 관심을 가질 수 있도록

의학의 각 분야를 안내하기 위한 목적으로 기획되었어요.

008   **머리말** | 사람이라면 누구나 거치는 생로병사
012   **묻고 답하고** | 기침하는 것도 예절이 있다고?

1 세균이 옮기는 무서운 병
018   중세 유럽을 휩쓸었던 '검은 죽음', 페스트
023   눈에 보이지 않는 작은 불씨, 결핵
025   열이 펄펄 끓는, 장티푸스
029   공중 보건의 중요성을 일깨운, 콜레라

2 아주 작은 바이러스가 옮기는 병
036   비슷하지만 다른, 감기와 독감
040   인류 역사상 최악의 전염병, 천연두
043   불치병에서 관리할 수 있는 병으로, 에이즈
046   전 세계에 불어닥친 거대한 폭풍우, 코로나19

3 잘못된 생활 습관으로 발생하는 병
054   몸의 에너지 균형이 깨지면 생기는, 비만
057   합병증이 더 무서운, 당뇨병

061   침묵의 살인자, 고혈압
064   몰래 찾아오는 입안의 나쁜 손님, 충치

4 잘못된 면역 반응 때문에 생기는 병
072   착각한 경비 아저씨, 알레르기
075   좁아진 숨구멍, 천식

5 마음이 아픈 병
082   집중력이 떨어지고 산만한, 주의력결핍 과잉행동장애
084   소통과 행동이 어려운, 자폐 스펙트럼 장애
086   마음의 감기, 우울증
087   의미 없는 무한 반복, 틱 장애
089   지나친 인터넷 의존, 인터넷 중독

6 제멋대로 자라는 나쁜 덩어리, 암
096   암이란 무엇일까?
097   암은 왜 생길까?
098   암은 어떻게 치료할까?

7 나이가 들어 가며 생기는 병
104   머릿속의 지우개, 치매
107   뼈에 구멍이 송송, 골다공증

112   **맺음말** | 아플 때는 어느 진료과로 가야 할까?

머리말
사람이라면 누구나 거치는 생로병사

'생로병사生老病死'라는 말을 들어본 적 있어? 사람이 태어나고, 늙고, 병들고, 죽는 과정을 뜻하는 사자성어 네 글자의 한자어야. 그중에서 '병病'은 한자로 '질병'을 뜻하고, 순우리말로는 '아픔'을 나타내.

사람은 살면서 여러 가지 질병에 걸릴 수 있어. 병에 한 번도 걸리지 않는 사람은 없을 거야. 병에 걸리면 몸도 아프고 마음도 아파. 당연히 사는 게 힘들어지지.

감기에 걸려 본 친구들이 있을 거야. 기침이 나고, 콧물이 줄줄 흐르지? 이건 우리 몸이 무언가 잘못되었다는 신호를 보내는 거야. 이런 상태를 바로 '질병'이라고 불러. 그러니까 질병은 우리 몸이 제대로 작동하지 않아 생기는 여러 가지 문제를 말해.

    우리는 도대체 왜 아픈 걸까? 질병은 원인에 따라 크게 두 종류로 나눌 수 있어. 하나는 감기나 독감, 코로나19 같은 '감염성 질환'이고, 다른 하나는 당뇨병이나 고혈압, 알레르기, 마음의 병 같은 '비감염성 질환'이야.

    감염성 질환은 세균이나 바이러스 같은 아주 작은 생물이 몸속에 들어와 생기는 병이야. 이런 병은 다른 사람에게 옮거나 옮길 수 있기 때문에 조심해야 해.

    우리 몸에는 이런 침입자와 싸우는 '면역계'라는 방어 시스템이 있어. 만약 면역계가 싸움에서 지면 병에 걸리게 되는 거지.

    비감염성 질환은 다른 사람에게 옮지 않는 병이야. 이런 병은 잘못된 생활 습관 때문에 생기는 경우가 많아. 지나치

게 담배를 피우거나 술을 마시거나, 건강하지 못한 식사를 하고 운동이 부족할 때 생기지. 어떤 사람들은 꽃가루나 집 먼지 등에 알레르기 반응을 보이기도 해. 때로는 사고나 부상으로 다치는 일도 있지.

사람들은 아주 오래전부터 수많은 질병과 끊임없이 싸워 왔어. 그야말로 질병은 우리와 떼려야 뗄 수 없는 존재지. 가끔은 생명을 위협할 정도로 고약한 질병이 온 마을과 나라를 휩쓸고 지나가기도 했어.

질병과 싸워 이기려면 우선 질병에 대해 잘 알아야 해. 질병이 왜 생기는지, 어떤 특징이 있는지 알아야 그에 맞는 치료법과 예방법을 찾아낼 수 있으니까. 이제부터 무섭지만 흥미진진한 질병 이야기를 시작해 볼게.

에~취!

 저런, 감기에 걸린 것 같구나. 기침이 심하네.

 네. 짝꿍이 감기에 걸렸는데 저도 옮았나 봐요.

 혹시 네 짝꿍도 너처럼 기침을 크게 했니?

 맞아요. 여러 번 했어요.

 기침에도 예절이 있어. 재채기나 기침을 할 때는 휴지나 손수건으로 입과 코를 꼭 가려야 해. 그냥 하면, 입과 코에서 수백만 개의 바이러스가 침방울과 콧물 방울에 섞여서 튀어나오거든. 그리고 사용한 휴지는 휴지통에 바로 버려야 해.

 아, 알겠어요. 그런데 휴지나 손수건이 없으면 어떻게 해요?

 그럴 땐 옷소매 위쪽으로 입과 코를 가리면 돼.

 그냥 손으로 가리면 안 되나요?

 안 돼. 맨손으로 가리면 손에 바이러스가 묻을 수 있거든. 그 손으로 화장실 문고리나 버스 손잡이를 잡으면 다른 사람에게 감기를 옮길 수 있어.

아하, 그래서 감기가 퍼지는 거군요?

 그렇지. 기침이나 재채기할 때 코나 입에서 나오는 분비물을 '비말'이라고 해. 감기에 걸린 사람이 기침을 크게 하면 약 3,000개의 비말이 시속 80킬로미터의 속도로 날아가. 그리고 재채기를 하면 약 4만 개의 비말이 시속 160킬로미터로 퍼지게 돼.

 와! 엄청 빠르네요!

 놀랍게도 비말은 무려 8미터까지 날아갈 수 있어. 게다가 몇 시간 동안 공기 중에 둥둥 떠다니기 때문에 막힌 공간에서는 공기를 잘 오염시키지. 그래서 감기에 걸리면 실내에서는 꼭 마스크를 써야 하는 거야.

 네. 앞으로는 꼭 재채기 예절을 지킬게요. 에~취!

세균은 우리 눈에는 보이지 않을 만큼 매우 작은 생명체야. 현미경으로 보아야 겨우 보일 정도지. 지금까지 알려진 세균의 종류는 수천 가지나 될 정도로 정말 많아. 다행히 대부분의 세균은 우리에게 해롭지 않아. 하지만 어떤 세균들은 인간이나 동물에게 병을 일으키기도 해. 이런 세균을 '병원성 세균'이라고 불러. 병원성 세균으로 생긴 큰 병은 인류 역사를 송두리째 바꾸기도 했어.

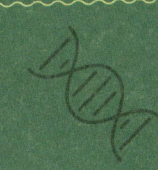

세균이 옮기는 무서운 병

1

중세 유럽을 휩쓸었던 '검은 죽음', 페스트

지금까지 전 세계에서 가장 많은 사람의 목숨을 앗아 간 질병은 천연두야. 약 3~5억 명이 사망했지. 하지만 짧은 시간에 아주 많은 사람을 죽게 한 병은 역사상 최악의 **팬데믹**으로 알려진 페스트야. 14세기 1347~1351년 유럽에서 크게 유행한 페스트는 정말 무서운 병이었어. 그야말로 중세 유럽을 완전히 무너뜨릴 정도였지. 이때 페스트로 희생된 사람은 당시 유럽 인구의 30~60%인 8천만 명에서 2억 명이나 되었어. 페스트 때문에 중세 유럽의 사회와 경제는 큰 변화를 겪었고 결국 중세 시대가 끝나고 르네상스와 근대 사회로 나아가는 중요한 계기가 되었지.

페스트에 걸리면 피부에 검은 **반점**이 생겨서 '흑사병'이라고도 불러. 영어로는 '블랙 데스 Black death', 즉 '검은 죽음'이라고 해. 페스트는 주로 쥐에 기생하는 벼룩을 통해 페스트

균이 사람에게 전염되는 병이야.

그 당시 유럽의 도시는 사람들이 갑자기 모여들면서 매우 혼잡했어. 좁은 공간에 다닥다닥 모여 살았고 화장실도 제대로 없었지. 한마디로 정말 더럽고 지저분한 환경이었어. 그렇다 보니 페스트균을 옮기는 쥐와 벼룩이 급속히 늘어났고, 페스트는 사람들 사이에서 순식간에 퍼져나갔어.

하지만 사람들은 페스트가 왜 생기는지, 어떻게 치료해야 하는지 전혀 몰랐어. 당시 의학 지식은 지금과는 비교할 수 없을 정도로 부족했거든. 사람들은 페스트를 인간의 부도덕함에 분노한 신이 내린 형벌이라고 생각할 수밖에 없었어. 할 수 있는 거라곤 기도와 금식뿐이었지. 심지어 유럽의 일부 지역에서는 유대인들이 페스트를 퍼뜨렸다는 모함을 받아 학살당하는 일도 있었어.

페스트의 진짜 원인은, 시간이 한참 흐른 뒤 스위스에서 태어난 과학자 알렉상드르 예르생에 의해 밝혀졌어. 루이 파스퇴르가 운영하는 연구소에서 일하던 예르생은 1894년 홍콩에서 페스트가 유행한다는 소식을 듣고 즉시 홍콩으로 향했어. 그는 페스트로 죽은 환자와 쥐의 조직을 자세히 살펴보고 마침내 페스트를 일으키는 세균을 찾아냈지. 페스트

균의 학명인 '예르시니아 페스티스'는 그의 이름을 따서 지어진 거야.

페스트는 증상이 아주 빠르게 나타나. 짧은 잠복기 감염 후 증상이 나타나기까지의 기간가 지나면 고열, 기침, 피가 섞인 가래가 기침과 함께 나오는 각혈, 호흡 곤란 등이 시작되지. 제대로 치료하지 않으면 목숨을 잃을 수도 있어. 하지만 지금은 페스트에 걸리더라도 항생제로 대부분 치료할 수 있어. 빨리 진단하고 적절한 치료를 받으면 사망하는 경우는 드물어.

항생제의 발전과 깨끗한 위생 덕분에 20세기에 접어들면서 페스트의 발생과 사망자 수가 크게 줄어들었어. 하지만 지금도 동남아 일부 국가와 아프리카 지역에서는 환자가 생기곤 해. 다행히 우리나라에서는 질병 통계가 집계된 이후 페스트 환자가 보고된 적은 없어. 그래도 페스트가 유행하는 곳으로 여행을 갈 때는 조심해야 한다는 걸 잊지 말아야 해.

눈에 보이지 않는 작은 불씨, 결핵

　결핵은 '결핵균'이라는 세균이 우리 몸속에 침입해 생기는 병이야. 결핵 환자가 기침할 때 균이 밖으로 나와 주변 사람에게 옮아가면서 퍼지지. 결핵이라고 하면 대부분 폐에서 생기는 '폐결핵'을 떠올리지만, 결핵은 뇌, 콩팥, 창자, 피부, 뼈 등 인체 어디에서도 생길 수 있어.

　폐결핵에 걸리면 기침을 오랫동안 많이 하고 가끔은 피를 토하기도 하지. 당연히 숨쉬기가 힘들고 몸은 늘 피곤해. 게다가 식욕이 떨어져 잘 먹을 수도 없어. 몸은 점점 마르고 얼굴은 하얗고 창백해지지. 그래서 결핵을 '하얀 병'이라고 부르는 사람도 있어. 결핵은 1930년대 이전만 해도 일단 걸리면 사망할 위험이 큰 무서운 병이었어.

　독일의 세균학자 로베르트 코흐는 1882년 결핵을 일으키는 결핵균을 발견하고, 결핵 치료제인 투베르쿨린을 만들었어. 하지만 투베르쿨린의 치료 효과는 기대에 미치지 못했지. 그래서 지금은 결핵에 걸렸는지 검사하는 데만 쓰이고 있어. 코흐는 결핵 연구에 이바지한 공로를 인정받아 1905년 노벨 생리의학상을 받았어. 원인은 알아냈지만, 치료할

방법이 없었기 때문에 결핵에 대한 공포는 여전히 떨쳐 낼 수 없었지.

결핵 치료에 큰 발전을 이뤄 낸 사람은 미국의 세균학자 셀먼 왁스먼이야. 그는 1932년 결핵 치료에 사용하는 최초의 항생제인 스트렙토마이신을 발견했어. 스트렙토마이신이 등장하면서 인류는 결핵의 공포에서 조금씩 벗어날 수 있게 되었지.

예전보다는 줄었지만, 결핵은 지금도 많은 사람의 생명을 앗아 가는 무서운 병이야. 전 세계적으로 한 해에 1천만 명 이상이 결핵에 걸리고, 그중 150만~200만 명이 사망하거든. 인구 10만 명당 130명 정도지. 우리나라에서도 여전히 한 해 1,300명 이상이 결핵으로 사망하고 있어. 결핵 사망자는 우리나라의 **법정 감염병** 중 가장 많고, 심지어 코로나19 사망자보다 1.5배나 많아.

우리 몸속에 결핵균이 들어왔다고 해서 모두가 결핵에 걸리는 건 아니야. 감염된 사람 중 10% 정도만 실제로 병에 걸리고, 나머지는 몸속 면역력이 물리쳐. 하지만 결핵균이 완전히 없어진 건 아니기 때문에 면역력이 약해지면 언제든지 증상이 생길 수 있어. 마치 꺼진 줄 알았던 작은 불씨가

숨어 있다가 갑자기 큰불로 번지는 것처럼 말이야. 이처럼 결핵균에 감염되었지만, 아직 병이 나타나지 않은 상태를 **잠복 감염**이라고 불러.

결핵은 시간이 걸리기는 하지만, 약을 잘 먹으면 나을 수 있는 병이야. 결핵균을 완전히 없애려면 여러 종류의 약을 6개월 정도 꾸준히 먹어야 해. 증상이 없다고 해서 중간에 약을 끊으면 몸속에 남아 있던 결핵균이 다시 자랄 수 있거든. 그리고 몸의 면역력을 높이는 것도 중요해. 그러려면 잘 먹고, 충분히 쉬어야 하겠지.

하지만 결핵에 걸렸다가 낫는 것보다 아예 걸리지 않는 것이 가장 좋아. 우리나라에서는 태어난 지 1개월 안에 누구나 결핵 예방 주사인 **BCG**를 맞아야 해. 신생아 때 BCG를 맞으면 결핵 발병률을 줄일 수 있고, 예방 효과는 10~20년 동안 유지되거든.

열이 펄펄 끓는, 장티푸스

프랑스의 위대한 미생물학자 루이 파스퇴르는 3명의 자녀를 장티푸스로 잃었어. 당시 미생물에 관해 가장 많이 알

고 있던 학자였음에도 어쩔 수 없을 정도로, 장티푸스는 매우 무섭고 고통스러운 병이었던 거야. 이를 계기로 파스퇴르는 전염병 연구에 몰두하게 되었어.

장티푸스는 '살모넬라'라는 세균에 오염된 음식이나 물을 먹었을 때 생기는 병이야. 음식이나 물에 어떻게 세균이 들어갈 수 있냐고? 그건 바로 장티푸스에 걸린 사람의 배설물로 오염될 수 있기 때문이야. 현대화된 도시에서는 그럴 일이 거의 없지만, 아직도 전 세계의 많은 사람이 대소변을 위생적으로 처리하지 못하고 있어. 전 세계 인구의 절반인 36억 명이 집에 화장실이 없어서 공용 화장실을 쓰고 있고, 5억 명 정도는 이조차 없어서 숲이나 호수, 들판 등에서 볼일을 봐야 하거든. 그러다 보면 배설물로 식수가 오염될 가능성이 크겠지.

입을 통해 몸 안에 들어온 장티푸스균은 소화관 **점막**을 뚫고 혈관 속으로 퍼져 나가. 세균이 혈액 속에서 약 2주 정도 조용히 세력을 불려 수가 충분히 늘어나면 그때부터 열이 나기 시작해. 체온이 39℃에서 40℃까지 오르고, 몇 주 동안 계속될 수 있어. 그 외에 극심한 복통과 **식욕 부진**, 심한 피로, 설사가 나타나고 발과 가슴에 장미색 반점이 생

기기도 해. 장티푸스는 제대로 치료하지 않으면 사망률이 10~20%나 되는 무서운 병이야.

그런데 문제는 장티푸스에 걸렸는데도 전혀 증상이 없으면서 감염성을 가지고 있는 사람들이 2~5%나 된다는 거야. 이런 사람을 '무증상 보균자'라고 불러. 자기도 모르는 사이에 남에게 균을 옮기는 사람이 되는 거지.

역사상 가장 유명한 무증상 보균자는 20세기 초 '장티푸스 메리'라고 불렸던 미국의 요리사 메리 맬런이야. 그녀가 요리사로 일하는 동안 적어도 53명이 장티푸스에 걸렸고, 그중 3명이 목숨을 잃었어. 사실 메리가 음식을 조리하기 전에 손만 잘 씻었어도 이런 안타까운 일은 없었을 텐데 말이야. 그때는 손씻기의 중요성이 지금처럼 널리 알려지지 않았던 시절이었어.

상하수도 시설이 발전하고 살모넬라균을 죽이는 항생제가 개발되면서 장티푸스에 걸려 죽는 사람들은 크게 줄었어. 하지만 지금도 전 세계에서 해마다 2천만 명이 넘는 사람들이 장티푸스에 걸리고, 그중 20~60만 명이 목숨을 잃지. 우리나라에서도 매년 100~300명 정도의 환자가 발생하는데, 제때 치료를 받으면 대부분 회복돼.

공중 보건의 중요성을 일깨운, 콜레라

19세기 중반, 영국의 런던은 산업혁명의 영향으로 인구가 급격하게 늘어났어. 하지만 도시의 위생 상태는 매우 엉망이어서 각종 전염병이 퍼지기 쉬운 상태였지. 1854년 8월, 런던 브로드가에서 아기 한 명이 콜레라로 죽은 것을 시작으로 많은 환자가 쏟아져 나왔어. 9월까지 616명이 목숨을 잃었는데, 이것이 바로 '브로드가 콜레라 유행'이야.

콜레라에 걸리면 쌀뜨물 같은 설사를 하루 20~30번이나 하고, 거의 20리터나 되는 체액이 빠져나가 심각한 탈수 증상이 나타나. 제대로 치료하지 않으면 치명률 병 때문에 죽는 비율이 50%가 넘는 무서운 병이야.

콜레라는 본래 인도 벵골 지역에서 계속 발생하던 풍토병이었는데, 18세기 말 영국이 인도를 점령하면서 영국을 포함한 전 세계로 퍼져 나갔어. 워낙에 감염 속도가 빠르고, 치명률이 높아 19세기에 유행했던 전염병 중 가장 위험한 병이었지. 지금은 수액을 잘 보충하고 항생제를 사용해 적절히 치료하면 죽는 경우는 매우 드물어.

당시 사람들은 콜레라가 왜 생기는지 전혀 알지 못했어.

의사들은 나쁜 공기를 통해 퍼져 나간다고 생각했지. 하지만 영국 의사인 존 스노는 이런 말을 믿지 않았어. 공기를 통해 전염된다면 폐에 이상이 나타나야 하는데, 소화관의 이상 증상인 설사를 일으키는 것이 이상했던 거야. 그는 혹시 오염된 물이 원인일지 모른다고 생각했고, 이를 밝히기 위한 조사를 시작했어.

스노는 그 지역 주민들의 집을 모두 찾아가서 환자가 감염 전에 어떤 생활을 했는지 조사했어. 그 결과 콜레라에 걸린 사람들은 모두 브로드가에 있는 우물을 사용했다는 공통점이 있음을 알아냈어. 반면에 다른 곳에서 물을 길어 마신 사람들에게는 콜레라 감염이 나타나지 않았지. 콜레라의 원인이 우물에 있다고 결론 내린 스노는 주민들을 설득해 우물 펌프의 손잡이를 떼어 버렸어. 그 후 콜레라 발병 건수는 급격히 줄었지. 지금도 브로드가에는 스노가 손잡이를 떼어 냈던 펌프가 그대로 남아 있어.

스노는 이후 더 많은 자료를 수집하고 분석해, 콜레라는 오염된 물을 통해 퍼진다는 사실을 과학적으로 증명했어. 그의 업적은 현대 **역학**의 기초를 마련한 것으로 평가받고 있지. 역학이란 질병이 사람들 사이에서 어떻게 발생하고

퍼지는지 연구하는 학문이야.

콜레라를 유발하는 세균인 '비브리오 콜레라'를 발견한 사람은 독일의 세균학자 로베르트 코흐야. 그는 1884년 콜레라균이 콜레라를 일으킨다는 사실을 실험으로 증명하고 콜레라의 원인을 명확히 밝혔어.

코로나19 팬데믹에서 우리가 배운 가장 중요한 점은 바로 '공중 위생'과 '개인 위생'을 철저히 해야 한다는 거야. 이것이 전염병 극복의 첫 번째 방법이거든. 특히 콜레라 같은 **수인성 전염병**을 막기 위해서는 깨끗한 식수원이 무엇보다 중요해. 콜레라의 사례를 보면 공중 보건이 얼마나 중요한지 다시 한번 깨달을 수 있어.

알아두면 힘이 되는 의학 용어 정리

팬데믹	'세계적 대유행'이라고도 하며 여러 나라와 대륙에 걸쳐 전염병이 전 세계적으로 퍼지는 것을 말함.
반점	피부에 나타나는 평평하고 색이 변한 부분. 일반적으로 붉거나 갈색을 띰.
법정 감염병	정부가 법으로 지정해 관리하고 예방하는 전염병. 발생 즉시 보고하고 대처해야 함.
잠복 감염	병원체가 몸 안에 숨어 있으면서 증상을 나타내지 않았다가, 면역력이 약해지면 활성화되어 질병을 일으키는 상태.
BCG	결핵 예방에 사용하는 백신. 주로 신생아나 어린이에게 접종해 결핵균에 대한 면역력을 키워 줌.
점막	몸의 내부 표면을 덮고 있는 부드럽고 촉촉한 막. 주로 소화기, 호흡기, 비뇨생식기 등의 기관을 보호하고 부드럽게 움직이도록 함.
식욕 부진	음식을 먹고 싶은 마음이 줄어들거나 없어지는 상태.

체액 몸의 여러 기관과 조직에 존재하는 액체. 혈액, 림프액, 세포 사이의 액체를 포함함. 영양소 운반, 노폐물 제거, 체온 조절 등의 역할을 함.

풍토병 특정 지역에서 주로 발생하는 질병. 지역의 기후, 환경, 생활 습관 등과 관련되어 계속해서 나타남.

역학 질병이나 건강 관련 사건이 인구 집단에서 어떻게 발생하고 분포하는지를 연구하는 학문. 질병의 원인과 예방 방법을 찾는 데 도움을 줌.

수인성 전염병 오염된 물을 통해 전파되는 질병. 바이러스, 세균, 기생충에 의해 발생함. 콜레라, 장티푸스, 세균성 이질 등.

세균처럼 아무 곳에서나 살 수 없는 바이러스는 다른 생물의 몸 안에 들어가야만 살 수 있어. 완벽한 '기생체'인 셈이지. 바이러스도 세균만큼 인간의 삶에 큰 영향을 미치는 존재야. 코로나19 팬데믹을 비롯해 많은 바이러스 감염증이 인류를 괴롭혀 왔어. 늘 우리 곁에 있는 감기는 말할 것도 없고 말이야.

2
아주 작은 바이러스가 옮기는 병

비슷하지만 다른, 감기와 독감

 감기에 걸려본 적 있지? 감기는 살면서 한 번이라도 걸려 보지 않은 사람이 없을 만큼 아주아주 흔한 감염병이야. 기침이나 재채기, 손을 통해 다른 사람에게 옮을 수 있으니 조심해야 해.

 통계에 의하면, 우리나라에서 감기로 진료를 받는 사람은 매년 2천만 명 정도야. 특히 9살 이하 어린이들이 가장 많이 걸려.

 감기와 독감은 무엇이 다를까? 독감을 '독한 감기' 정도로 생각하는 사람도 있지만, 감기와 독감은 엄연히 다른 질병이야.

 먼저 감기는 바이러스가 일으켜. 그런데 감기를 일으키는 바이러스는 종류가 매우 많아. 무려 200가지가 넘지. 가장 흔한 것은 감기의 30~50%를 차지하는 리노바이러스인

데, 이 바이러스도 변종이 100가지가 넘을 정도야. 그 외에 코로나바이러스, 아데노바이러스, 파라인플루엔자바이러스 등이 있어. 이렇게 종류가 많다 보니 감기를 예방하는 **백신**을 만드는 건 불가능에 가까워. 백신은 바이러스 종류마다 다르게 만들어야 하거든.

감기에 걸리면 콧물이나 코막힘, 목 아픔, 재채기, 기침 등의 증상이 나타나. 감기에는 특별한 치료법이 없어. 푹 쉬고, 물을 충분히 마시고, 증상을 가라앉히는 약을 먹는 게 전부야. 감기 증상은 대개 일주일 정도 지나면 사라져. 단, 감기 치료에는 세균 감염에 사용하는 항생제는 아무런 효과가 없어.

감기는 영어로 '콜드cold'라고 해. 이름처럼 날씨가 추운 겨울철에 잘 걸리지. 실제로 감기 환자는 12월에서 1월 사이에 가장 많아. 물론 여름에도 감기에 걸릴 수 있어.

왜 감기는 겨울에 잘 걸리는 걸까? 이유는 확실하지 않지만, 단순히 날씨가 추워서는 아니야. 겨울에는 여름보다 실내에서 보내는 시간이 많아지니까 다른 사람들이 기침이나 재채기로 내뿜는 바이러스에 더 많이 접하기 때문일 거야. 온도가 낮고 공기가 건조한 겨울철은 바이러스가 더 오래

살아남을 수 있는 조건이기도 해.

　감기보다 증상이 심한 독감은 38℃ 이상의 고열, 심한 근육통과 관절통, 두통과 목이 아픈 증상이 나타나고 특히 어린이에게는 구토와 설사를 일으키기도 해. 심하면 **폐렴**이나 **기관지염** 같은 합병증도 생길 수 있어.

　독감도 감기와 마찬가지로 바이러스에 의해 발생해. 독감을 유발하는 바이러스는 '인플루엔자 바이러스^{A형, B형 등}'야. 그래서 독감을 영어로는 'flu^{플루}'라고 하지. 가장 중요한 인플루엔자 바이러스는 A형인데, 종류가 다양하고 세계적인 대유행을 일으킬 수도 있어.

　독감 치료도 감기와 비슷하지만, 독감은 감기와는 다르게 '타미플루' 같은 항바이러스제를 써서 치료할 수 있어. 물론 항생제는 독감에도 아무 소용이 없지. 독감 예방에는 백신을 맞는 것이 가장 효과적이야. 해마다 유행하는 바이러스의 종류가 다르고 백신 효과는 6개월에서 1년 정도만 지속되므로 매년 맞아야 해.

인류 역사상 최악의 전염병, 천연두

적게는 수백 가지, 많게는 수천 가지에 이르는 전염병이 끊임없이 인류를 괴롭혀 왔지만, 그중에서도 단연 최악은 천연두일 거야. 천연두는 인류 역사상 가장 심각한 피해를 주었거든. 유럽에서는 18세기 전까지 매년 40만 명이 넘는 사람들이 천연두로 죽었어. 일단 천연두에 걸리면 20~60%가 사망했고, 특히 어린이는 사망률이 80%나 되지. 20세기에 들어서도 천연두의 위세는 누그러지지 않았어. 전 세계적으로 지금까지 3~5억 명이나 되는 사람이 천연두로 죽었을 정도야.

천연두는 '천연두 바이러스'에 의해 발생하는 매우 심각한 전염병이야. 바이러스는 공기를 통해 쉽게 퍼져 나가기 때문에 전염력이 매우 강해. 바이러스가 몸속에 들어온 뒤 7~17일이 지나면 독감과 비슷한 증상을 보여. 여기서 2~3일이 더 지나면 천연두의 가장 특징적인 증상인 붉은 반점과 물집이 생기기 시작해. 마치 밤하늘에 별이 가득 떠 있는 것처럼 반점과 물집이 온몸에 생긴다고 생각하면 돼. 물집에는 고름이 차고, 나중에는 딱지가 생기면서 떨어져.

천연두는 제대로 치료하지 않으면 사망할 확률이 매우 높아. 증상은 나날이 심해지고 폐렴 같은 합병증이 발생해서 30% 정도는 결국 죽게 돼. 특히 어린이나 노인같이 면역력이 약한 사람들은 더 위험하지. 살아남더라도 얼굴이나 팔다리에 곰보라고 부르는 크고 깊은 흉터가 남게 돼. 게다가 눈에 심한 **염증**이 생기고 **각막** 손상으로 앞을 보지 못할 수도 있어.

인류는 천연두에 맞서기 위해 많은 노력을 해 왔어. 기원전 10세기경 중국에서 처음 사용된 것으로 알려진 **인두법**은 천연두 환자의 고름을 사용해 면역력을 만드는 방법이야. 18세기에는 유럽에도 전해져 사용되었지. 하지만 환자의 고름을 사용했기 때문에 잘못하면 진짜 천연두에 걸려 죽는 사람이 나올 정도로 위험했어.

천연두를 예방할 수 있는 길을 연 사람은 영국의 의사 에드워드 제너야. 그는 1796년 소의 우두 바이러스를 이용해 최초의 백신을 개발했어. 바로 **종두법**이지. 종두법은 인두법보다 예방 효과도 좋았고, 안전했어. 종두법이 소개되고 백신 접종이 늘어나면서 천연두 발생은 줄어들기 시작했어.

제2차 세계대전이 끝난 뒤 세계 각국은 천연두를 없애기

위한 다양한 프로그램을 펼쳤어. 전 세계적인 노력 덕분에 1977년 소말리아에서 발견된 천연두 환자를 끝으로 완전히 사라진 것으로 보였지.

그런데 그로부터 1년 후에 지구상에서 마지막으로 천연두에 걸려 죽은 사람이 영국 버밍엄에서 나왔어. 여기에는 슬픈 사연이 숨어 있었어. 병원에서 일하던 재닛 파커가 아래층 천연두 연구실에서 환기구를 통해 새어 나온 천연두 바이러스에 감염되어 세상을 떠났거든.

파커가 죽은 지 2년 뒤인 1980년 5월 8일, 세계보건기구는 천연두가 지구상에서 완전히 사라졌다고 선언했어. 이로써 천연두는 인간이 극복한 최초의 전염병이 되었지.

불치병에서 관리할 수 있는 병으로, 에이즈

'후천성면역결핍증후군', 흔히 에이즈AIDS라고 불리는 병은 '인간면역결핍바이러스'에 감염되어 면역력을 잃어버리는 질병이야. 증상이 나타나기까지 잠복 기간이 3~10년 정도로 상당히 길어서 병에 걸린 것을 모르고 다른 사람에게 옮기는 경우가 매우 흔해.

증식한 바이러스는 우리 몸의 면역 세포인 **T세포**를 파괴해 버려. 몸을 지키는 면역 기능이 약해지니 '기회감염'이 흔히 나타나게 돼. 기회감염이란 건강한 사람에게는 나타나지 않지만, 에이즈 환자처럼 면역력이 떨어진 사람에게는 감염 증상이 나타나는 것을 말해. 면역 시스템은 집의 지붕과도 같아. 지붕이 무너지면 집에 비가 새듯이 면역 시스템이 약해지면 쉽게 병에 걸리는 거야.

에이즈 바이러스는 감염된 사람의 혈액, **정액, 질 분비물** 같은 체액이나 모유에 의해 옮겨져. 만약 에이즈 바이러스에 감염된 사람의 피를 수혈받거나, 감염된 사람과 성관계를 하거나, 감염된 사람이 사용했던 주사기를 다시 사용하거나 실수로 찔렸을 때 감염되는 거야. 그리고 에이즈에 걸린 엄마가 아기를 낳거나 모유를 먹일 때 아기에게 옮길 수도 있어.

에이즈는 다른 전염병과는 달리 침이나 땀, 눈물과 콧물로는 전염되지 않아. 그러니까 일상생활에서 에이즈에 감염될 염려는 거의 없지. 에이즈 환자와 악수하거나 뽀뽀하는 건 괜찮다는 말이야.

에이즈는 미국에서 첫 환자가 보고된 1981년 이후 '현대

판 흑사병'이라고 불릴 정도로 공포의 질병이었어. 그때만 해도 일단 증상이 나타나면 3~5년 안에 사망하는 경우가 많았거든. 사람들은 에이즈를 하늘이 내린 형벌 혹은 불치병으로 여기며 공포에 떨었지.

인류는 에이즈 치료제를 개발하기 위해 많은 노력을 기울였어. 1987년 최초의 에이즈 치료제가 등장한 이후 다양한 항바이러스제가 나왔지. 덕분에 불치병이었던 에이즈는 걸리더라도 약만 잘 먹으면 고혈압처럼 관리할 수 있는 질병이 되었어. 약물 복용법을 정확히 잘 지키기만 한다면 에이즈 환자의 수명을 30년 이상 연장할 수 있었거든.

전 세계적인 노력으로 에이즈 감염자와 사망자는 예전보다 크게 줄었지만, 에이즈와의 싸움은 아직 끝나지 않았어. 에이즈는 여전히 완치가 불가능하고, 현재 사용하는 약물이 듣지 않는 **변이 바이러스**가 출현할 가능성도 언제든 존재하기 때문이지. 게다가 모잠비크 등 일부 아프리카 지역에서는 지금도 매년 수만 명의 사람이 에이즈로 목숨을 잃을 정도로 여전히 인류에게 위협적인 질병이야.

전 세계에 불어닥친 거대한 폭풍우, 코로나19

가장 최근 우리에게 큰 영향을 미친 질병은 코로나19야. 2019년 중국 후베이성 우한시에서 처음 발생한 코로나19는 배나 비행기를 타고 전 세계로 급속히 퍼져 나갔어. 마치 거대한 폭풍우가 전 세계를 덮친 것처럼 말이야. 세계보건기구에서는 2020년 3월 11일 코로나19를 팬데믹으로 선언했지.

코로나19 말고도 역사적으로 유명한 팬데믹으로는 1918년에 처음 발생해 전 세계적으로 2천만~2억 명의 목숨을 앗아간 '스페인 독감'이 있어. 당시는 전 세계가 제1차 세계 대전 중이어서 위생 환경이 좋지 않았고 많은 군인들이 집단 생활을 해야 했기 때문에 바이러스가 더 많이, 더 빠르게 퍼져 나갔지.

그리고 2009년의 '신종 플루'도 많은 사람이 감염된 팬데믹이었어. 발원지는 멕시코였고, 불과 몇 주만에 전 세계로 퍼져 사망자 수가 약 50만 명이나 되었지.

팬데믹은 질병이 유행하는 범위가 워낙 넓어서 많은 사람의 생활에 큰 영향을 미쳐. 사람들은 마스크를 써야 했고 손

을 자주 씻는 습관을 들였지. 많은 나라에서는 바이러스가 퍼지는 것을 막기 위해 사회적 거리 두기를 시행했어. 즉 사람들을 집에 머물도록 한 거야. 학교는 문을 닫았고, 수업은 온라인으로 바뀌었어. 친구들과 마음대로 놀지 못했고 회사에서도 재택근무를 했지. 나라의 경제 사정이 나빠지면서 문을 닫는 기업이 생겨났고 직장을 잃는 사람도 많았어.

코로나19를 유발하는 바이러스 SARS-CoV-2는 감기를 일으키는 코로나바이러스와는 달라. 코로나19는 감기와 마찬가지로 기침이나 재채기할 때 나오는 침방울이나 감염자와의 접촉으로 전염돼. 열이 나고, 기침하고, 숨쉬기 힘든 것이 주된 증상이지만, 이런 증상이 없는 사람들도 꽤 있었어. 이것을 **무증상 감염**이라고 해.

코로나19 팬데믹에서 우리는 넋 놓고 당하지만은 않았어. 세계보건기구와 각국 정부는 감염 경로를 파악해 환자 발생을 미리 방지하는 일에 최선을 다했지. 또 여러 제약사는 백신을 빠르게 개발해 전 세계에 배포했어. 그리고 항바이러스제와 각종 의료 장비도 많이 만들어서 공급했어.

덕분에 코로나19 팬데믹은 진정되었어. 하지만 우리가 가야 할 길은 아직 멀어. 변화무쌍하게 모습을 바꾸는 바이

러스는 언제든 세력을 키워 더 강한 모습으로 우리 앞에 다시 나타날 수 있거든.

알아두면 힘이 되는 의학 용어 정리

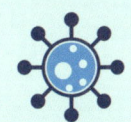

백신	어떤 질병에 대한 면역력을 높이기 위해 투여하는 물질. 질병을 일으키는 병원체를 약하게 만든 뒤 희석해 투여함.
폐렴	세균, 바이러스, 곰팡이 등에 의해 폐에 염증이 생기는 질환. 기침, 발열, 호흡 곤란 등의 증상을 유발함. 심하면 생명이 위험할 수도 있음.
기관지염	기관지에 염증이 생기는 질환으로 주로 바이러스에 의해 발생함. 급성과 만성으로 나뉘며 기침, 가래, 흉부 불편함 등의 증상을 보임.
염증	세균, 바이러스 등이나 내부 손상에 반응해 나타나는 방어 반응으로 몸이 치유를 시작하는 자연스러운 과정. 발열, 부기, 통증, 발적 등의 증상이 나타남.
각막	눈의 가장 바깥쪽에 있는 투명한 막. 눈을 보호하며 눈으로 들어오는 빛을 굴절시켜 망막에 초점을 맞추는 역할을 함.

인두법   천연두 예방을 위해 사용되었던 초기의 방법 중 하나. 천연두 바이러스를 직접 몸 안에 주입해 면역 반응을 이끌어 냄.

종두법   천연두를 예방하기 위해 우두바이러스를 사람에게 접종해 천연두에 대한 면역을 이끌어 내는 방법.

T세포   백혈구의 한 종류로 면역계의 중요한 구성 요소. 몸 안에 침입한 병원체나 감염된 세포를 인식하고 공격해 없애는 역할을 함.

정액   남성의 생식기관에서 분비되는 액체. 정자를 운반하고 보호하는 역할을 함.

질 분비물   여성의 생식기관에서 자연스럽게 생성되는 액체. 질을 촉촉하게 유지하고 감염으로부터 보호하는 역할을 함.

변이 바이러스   기존 바이러스의 유전물질에 변화가 생겨 새로운 특성을 갖게 된 바이러스. 바이러스의 전파력이나 백신에 대한 저항성을 증가시킬 수 있음.

무증상 감염   몸 안에 병원체가 있고 전파될 수 있지만, 증상은 느끼지 못하는 상태. 감염 사실을 알기 어려워 다른 사람에게 병원체를 옮길 위험이 큼.

요즘은 예전보다 감염병으로 사망하는 사람들은 훨씬 줄었어. 위생 환경이 좋아지고 백신과 치료제가 많이 개발됐거든. 하지만 그 대신 현대인이 자주 걸리게 된 병들이 있어. 예를 들면 비만, 당뇨병, 고혈압, 충치 등이지. 이런 병은 불규칙하고 건강하지 못한 식사, 운동 부족, 수면 부족, 지나친 스트레스처럼 잘못된 생활 습관 때문에 생기는 병이야.

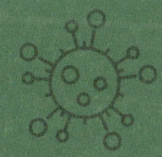

3
잘못된 생활 습관으로 발생하는 병

몸의 에너지 균형이 깨지면 생기는, 비만

몸에 지방이 너무 많이 쌓인 것을 비만이라고 해. 잘 달리라고 자동차 연료통에 연료를 너무 많이 넣으면 연료가 넘치는 것처럼 우리 몸도 지방이 너무 많아지면 몸이 무거워져 움직이기 힘들고 건강에 좋지 않은 문제가 생길 수 있어.

최근 30년 동안 전 세계 소아·청소년의 비만율은 성인보다 훨씬 더 많이 늘어났어. 우리나라도 마찬가지여서, 소아·청소년 5명 중 1명이 비만일 정도야.

그렇다면 살이 찌는 원인은 무엇일까? 주변을 보면 조금만 먹어도 쉽게 살찌는 사람이 있는가 하면, 많이 먹어도 살이 잘 찌지 않는 사람도 있어. 이건 비만이 되는 데 유전적 요인이 중요하다는 걸 증명하지. 실제로 부모가 비만이면 자녀도 비만이 될 가능성이 커져.

또 생활 습관과도 밀접한 관련이 있어. 패스트푸드나 설

탕이 많이 든 음료수처럼 지방과 설탕이 많은 고열량 음식을 자주 먹고, 활동량이 부족하면 열량 과잉으로 비만이 되는 거야.

성인은 체중 kg을 키 m의 제곱 m^2으로 나눈 값인 '체질량 지수'로 비만 여부를 판정해. 하지만 어린이와 청소년은 2017년 만들어진 소아·청소년 성장 도표를 기준으로 성별, 나이별 체질량 지수 백분위수를 사용해서 비만인지 아닌지를 판정하지. 즉 체질량 지수 85~94 백분위수 전체에서 6~15%는 과체중, 95 백분위수 전체에서 5% 이내 이상은 비만으로 진단하는 거야.

어린이가 지나치게 비만하면 건강에 문제를 일으킬 수 있어. 예를 들면, 제2형 당뇨병, 고혈압, **고지혈증, 수면 무호흡증**, 천식, 관절통, **성조숙증**, 성장 장애, **지방간** 등의 위험이 증가해. 그리고 어릴 때 비만하면 어른이 되어서도 비만이 될 확률이 높지.

비만 어린이는 외모에 대한 고민으로 성격이 소심해지거나 친구를 잘 사귀지 못할 수 있어. 또 외로움을 자주 느끼면 우울증이나 불안 등 정신 건강 문제로 이어질 수도 있지. 따라서 다양한 영양소가 충분히 포함된 균형 잡힌 식사, 매

일 1시간 이상의 규칙적인 신체 활동, 충분한 수면 등을 통해 체중이 지나치게 늘지 않도록 관리하는 게 중요해.

합병증이 더 무서운, 당뇨병

자동차가 씽씽 잘 달리려면 연료가 필요하듯이 우리 몸도 잘 움직이려면 연료를 충분히 공급해야 해. 몸을 구성하는 세포의 연료는 무엇일까? 그건 바로 '포도당'이야. 우리는 음식을 먹어서 포도당을 얻어. 이때 세포가 포도당을 잘 사용할 수 있게 도와주는 역할을 하는 것이 '인슐린'이라는 호르몬이지.

췌장의 **베타세포**에서 만들어져 분비되는 인슐린은 혈액 속의 포도당이 세포 안으로 들어갈 수 있도록 도와주는 역할을 해. 세포에 포도당이 들어가는 문이 있다고 생각해 봐. 그 문을 열려면 열쇠가 필요하겠지? 이때 열쇠 역할을 하는 것이 바로 인슐린이야. 세포는 인슐린의 도움을 받아 안으로 들어온 포도당을 사용해서 에너지를 만들어.

만약 인슐린이 아예 없거나 혹은 거의 없다면 어떻게 될까? 포도당이 세포로 들어가는 문이 열리지 않아 포도당은

혈액 속에 쌓이게 될 거야. 인슐린이 있더라도 문을 잘 열지 못할 수도 있어. 마치 열쇠가 자물쇠에 잘 맞지 않아서 문이 잘 열리지 않듯이 말이야. 이럴 때도 포도당은 세포 안으로 들어가기 어렵지. 혈액 속에 에너지로 쓸 수 있는 포도당이 아무리 많이 있어도 소용이 없는 거지.

세포 안으로 들어가지 못하고 혈관 속을 떠돌던 포도당은 신장을 통해 소변으로 빠져나가게 돼. 원래 포도당은 보통 신장에서 모두 다시 흡수되기 때문에 소변으로 배출되지 않아. 하지만 혈액 속 포도당 농도가 너무 높아서 신장이 흡수할 수 있는 능력을 벗어난 거지. 이것이 바로 당뇨병이야. 당뇨란 당, 즉 '포도당이 섞인 소변'이라는 말이지. 그러니까 당뇨병은 혈액 속의 포도당 수치가 비정상적으로 높아져 소변으로 많은 양의 포도당이 빠져나오는 거야.

당뇨병은 제1형 당뇨병과 제2형 당뇨병, 두 가지로 나눌 수 있어. 제1형 당뇨병은 췌장의 베타세포가 파괴되어 인슐린을 거의 만들지 못하는 경우야. 전체 당뇨병 환자의 5~10%가 제1형 당뇨병에 속해. 특히 어릴 때 많이 발생하기 때문에 소아형 당뇨병이라고도 불렀고 주로 30세 이전에 나타나.

반면에 전체 환자의 90~95%를 차지하는 제2형 당뇨병은 나이가 들면서 생겨. 주로 30세 이상의 성인에게 발병하지만, 요즘은 어린이와 청소년의 발생률도 증가하고 있지. 제2형 당뇨병은 포도당이 들어가는 문세포의 자물쇠와 열쇠인 인슐린이 맞지 않아서 문을 열지 못하는 상황이라고 생각하면 이해하기 쉬워. 포도당이 세포 안으로 들어가지 못해 혈액 속의 포도당 농도가 높아지게 돼. 몸은 혈당을 낮추려고 더 많은 인슐린을 만들어 내보내지. 하지만 여전히 포도당은 세포 안으로 잘 들어가지 못해. 시간이 지나면서 췌장은 지치게 되고, 인슐린을 만드는 능력이 떨어지게 되는 거야.

혈액 속의 당이 지나치게 많아져서 나타나는 증상은 다뇨, 다음, 다식의 '3다多 현상'으로 설명할 수 있어. 다뇨란 포도당이 소변으로 지나치게 많이 빠져나가고 이때 많은 물을 함께 가지고 나가므로 소변량이 증가하는 거야. 이 때문에 몸에 물이 부족해져서 목이 심하게 마르고 물을 많이 마시게 되지다음. 또 세포의 중요한 에너지원인 포도당이 몸 밖으로 많이 빠져나가면서 늘 배가 고파 음식을 많이 먹게 돼다식.

당뇨병이 무서운 진짜 이유는 **합병증** 때문이야. 고혈당 상태가 오래 계속되면 혈관이 손상되고, 혈관이 좁아져 피가 잘 흐르지 못하게 돼. 몸의 모든 혈관이 영향을 받을 수 있으므로 여러 가지 합병증이 생길 수 있지.

눈으로 가는 혈관이 손상되면 시력이 저하되거나 실명까지 할 수 있어. 이를 당뇨병성 망막병증이라고 불러. 당뇨병 환자는 실명 위험이 일반인보다 무려 25배나 높아. 또 심장병이나 **심근경색증** 같은 심혈관 질환, 신장이 제 기능을 못하는 당뇨병성 신병증 그리고 발의 감각이 둔해져서 발을 잘라내야 하는 당뇨병성 족부궤양까지 생길 수 있어. 하지만 너무 겁낼 건 없어. 혈당 관리만 철저히 하면 이런 합병증은 예방할 수 있거든.

당뇨병 치료에서 가장 중요한 약물은 인슐린이야. 특히 제1형 당뇨병 환자는 인슐린이 부족하므로 치료하려면 인슐린 주사를 꼭 맞아야 해. 모두 그런 것은 아니지만, 몸무게가 지나치게 많이 나가는 사람은 제2형 당뇨병에 걸리기 쉬워. 따라서 제2형 당뇨병의 치료는 운동과 **식이요법**을 통한 체중 관리로 시작하게 되지. 체중이 줄면 췌장이 분비한 인슐린이 잘 작용하게 되거든. 또 혈당을 낮추는 약물을 사

용할 수도 있고, 증상이 심해지면 인슐린 주사를 맞아야 하는 경우도 생겨.

침묵의 살인자, 고혈압

심장에서 출발한 혈액이 지나가는 길을 '혈관'이라고 해. 아주 가느다란 관처럼 생겼지. 혈관은 우리 몸의 고속도로라고 생각하면 돼. 고속도로를 달리는 자동차처럼 혈관 속의 혈액은 산소와 영양분을 싣고 씽씽 달려서 온몸의 세포에 전해 주지. 이때 혈액이 흐르면서 혈관 벽에는 어떤 힘압력이 가해지는데, 이를 '혈압'이라고 불러.

혈압은 수축기 혈압과 확장기 혈압이라는 두 가지 숫자로 표현해. "혈압이 120/80입니다"라는 말 들어 봤어? 여기서 120은 수축기 혈압이야. 심장이 혈액을 뿜어내는 순간의 압력이지. 제일 높은 혈압이어서 다른 말로 최고 혈압이라고도 불러. 반면에 80은 확장기 혈압인데, 심장이 쉴 때의 가장 낮은 압력 최저 혈압이야.

그런데 가끔 혈압이 너무 높아지는 경우가 있어. 이를 '고혈압'이라고 부르지. 풍선을 불 때 바람을 불어 넣으면 풍선

이 커지잖아. 바람을 많이 넣을수록 풍선은 커지고 풍선 안의 압력은 올라가지. 바람이 너무 많이 들어가면 풍선은 결국 터지고 말 거야.

고혈압은 풍선에 바람을 너무 많이 넣은 것과 비슷한 상황이야. 혈관에 높은 압력이 가해지면 혈관은 스트레스를 받게 되고, 이 상태가 오래 이어지면 혈관이 상할 수도 있어. 풍선을 크게 불려면 힘이 들듯이 혈압이 올라가면 심장도 더 열심히 일해야 하거든. 당연히 심장은 피곤해지고 기능이 떨어질 거야. 그리고 몸속 다른 장기에도 문제가 생기게 돼.

고혈압은 주로 성인에게 생기지만, 어린이도 예외는 아니야. 지금까지 소아 고혈압의 **유병률**은 1~3%로 높지는 않았지만, 요즘 어린이의 스트레스가 많아지고 비만이 늘어나면서 고혈압도 증가하고 있어.

혈압이 올라간다고 해서 증상이 바로 생기는 건 아니야. 하지만 고혈압을 오랫동안 그대로 두면 심장이나 뇌, 신장, 눈 등에 심각한 합병증이 생길 수 있어. 이런 과정은 소리 없이 진행되기 때문에 고혈압을 '침묵의 살인자'라고 부르기도 해.

우리 몸의 혈관을 건강하게 유지하려면 혈압을 잘 관리해야 해. 어떻게 하면 혈압을 건강하게 관리할 수 있을까? 그건 바로 건강한 생활 습관을 갖는 거야. 채소와 과일을 많이 먹고, 너무 짜게 먹지 않고, 운동을 규칙적으로 하면 돼. 그리고 충분히 잘 쉬고 잘 자는 것도 잊으면 안 되겠지.

몰래 찾아오는 입안의 나쁜 손님, 충치

세계보건기구에 따르면, 충치는 전 세계적으로 가장 흔한 어린이의 **비전염성 질환**이야. **유치**와 **영구치**에 충치가 생기는 비율이 각각 약 46%와 54%라고 하니, 전 세계 어린이의 절반 정도가 충치를 앓는 셈이지. 우리나라도 예외는 아니어서, 만 12세 이하 아동 10명 중 6명은 현재 충치가 있거나 충치 치료 경험이 있는 것으로 나타났어. 특히 저소득층이나 사회적으로 어려운 환경에 있는 어린이의 충치 문제가 더욱 심각해.

예전보다 어린이가 충치를 많이 앓게 된 가장 큰 이유는 식습관이 바뀌었기 때문이야. 우리가 먹는 음식 가운데 설탕 함량이 높은 '초가공식품'과 '청량음료'가 크게 늘었거든.

달콤한 사탕, 케이크, 아이스크림, 젤리, 청량음료 등은 입을 잠시 즐겁게 하지만, 충치라는 반갑지 않은 손님을 부르는 셈이지.

단 음식이 치아 건강에 좋지 않은 이유는 입안에 사는 세균들이 당분을 먹이로 삼아 자라고 번식하기 때문이야. 세균은 당분을 분해해서 산을 만드는데, 이 산이 치아 표면을 덮고 있는 단단한 보호층인 에나멜을 녹여 약하게 만들거든. 게다가 충치가 생겼는지는 금방 알기 어려워. 이 과정은 마치 몰래 살금살금 숨어들어 온 침입자처럼 잘 드러나지 않기 때문이야.

에나멜층에 구멍이 생기고 안쪽의 부드러운 상아질까지 충치가 퍼져 나가면 이가 아프기 시작해. 만약 충치가 치아 중심부인 치수까지 도달하면 통증이 아주 심해져. 제대로 치료받지 않으면 치아는 더 손상되어 결국 빠져 버리지. 특히 어린이는 성인보다 충치 진행 속도가 더 빠르기 때문에 서둘러 치료하는 것이 중요해.

하지만 가장 중요한 것은 역시 충치가 생기지 않게 미리미리 예방하는 거겠지? 치아 건강을 지키기 위해서는 올바른 칫솔질 습관을 가져야 해. 불소가 들어 있는 치약과 부드

러운 칫솔로 하루에 최소 두 번, 식사를 마치고 나서 2분 이상 꼼꼼하게 이를 닦아야 하지. 치실을 사용하는 습관을 들이면 더 좋아. 그리고 단 음식과 음료수를 줄이는 것도 잊어서는 안 돼.

알아두면 힘이 되는 의학 용어 정리

고지혈증	혈액 속에 콜레스테롤이나 중성지방 같은 지질 성분이 지나치게 많은 상태. 심장병이나 뇌졸중 등 심혈관 질환의 위험을 높일 수 있음.
수면 무호흡증	잠을 자는 동안 호흡이 일시적으로 얕아지거나 멈추는 상태. 자주 깨고 수면의 질이 떨어짐. 심한 코골이, 피로감, 집중력 저하 등이 나타남.
성조숙증	아동이 또래보다 이른 시기에 사춘기 징후를 보이는 상태.
지방간	간에 지방이 지나치게 많이 쌓인 상태. 초기에는 특별한 증상이 없지만, 심해지면 간염, 간 섬유화, 간경변 등으로 진행할 수 있음.
베타세포	췌장의 호르몬을 만드는 조직인 랑게르한스섬에 있는 세포로, 인슐린을 만들어 분비함.
합병증	질병이 잘 치료되지 않아 발생하는 추가적인 건강 문제. 원래 질병보다 더 심각한 문제를 일으킬 수 있음.

심근경색증	심장 근육에 혈액을 공급하는 관상동맥이 갑자기 막혀 심장 근육 일부가 손상되는 것. 흔히 '심장마비'라고 함. 가슴 통증, 호흡 곤란, 식은땀, 어지러움 등의 증상을 보이며 빠른 치료가 필요함.
식이요법	건강을 유지하거나 특정 질병을 예방·관리하기 위해 식단을 조절하는 방법.
유병률	얼마나 많은 사람이 현재 그 질병을 앓고 있는지를 보여 주는 수치. 예를 들어, 어떤 지역에서 1,000명 중 100명이 고혈압이라면, 그 지역의 고혈압 유병률은 10%임.
비전염성 질환	감염에 의해 전파되지 않는 질병. 주로 생활 습관, 유전적 요인, 환경적 요인 등에 의해 발생하며, 만성 질환인 경우가 많음.
유치	어린이가 처음 가지게 되는 치아로, 흔히 젖니라고도 함. 생후 6개월에서 1년 사이에 나기 시작하며, 총 20개가 있음.
영구치	유치가 빠진 후 나와 평생 사용하는 치아로, 총 32개. 6세부터 12세 사이에 유치가 빠지고 영구치가 나오기 시작해 18세 정도에 완료됨.

면역계는 우리 몸에 해로운 물질이 침입한 것을 알아차리고 쫓아내는 역할을 하는 방어 시스템이야. 그런데 면역 반응이 잘못되면 꽃가루나 먼지처럼 우리 몸에 해롭지 않은 물질을 나쁘다고 착각해서 너무 심하게 반응할 때가 있어. 이런 병의 대표적인 예가 '알레르기'와 '천식'이야.

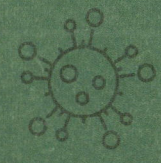

4

잘못된 면역 반응 때문에 생기는 병

착각한 경비 아저씨, 알레르기

주변에서 복숭아만 만져도 얼굴이나 팔이 벌겋게 되는 사람을 본 적 있니? 아니면 고양이에 가까이 가거나 만지기만 해도 눈이 빨개지고 콧물이 나는 사람은? 이런 사람들은 복숭아나 고양이 털에 알레르기가 있어서 이런 증상이 나타나는 거야.

면역계는 주민들을 안전하게 지키기 위해 열심히 일하는 경비 아저씨에 비유할 수 있어. 면역계 덕분에 우리는 병을 일으키는 세균이나 바이러스를 물리칠 수 있는 거지. 그런데 알레르기는 경비 아저씨가 우리 집에 배달 온 택배 기사를 해로운 사람으로 착각해서 내쫓으려는 상황과 비슷해. 알레르기란 해롭지 않은 물질에 우리 몸이 지나치게 반응하는 것이라고 할 수 있어.

알레르기로 고생하는 사람들은 전 세계적으로 정말 많아.

통계를 보면, 성인의 20~30%와 어린이의 40% 정도가 살면서 어떤 형태로든 알레르기를 겪는다고 해. 특히 알레르기는 잘사는 나라에서 더 많이 나타나.

알레르기를 유발하는 물질은 매우 다양해. 대표적인 것은 집먼지 진드기, 꽃가루, 동물의 털 그리고 식품 등이야. 알레르기를 일으키는 식품은 50가지가 넘는데, 땅콩, 우유, 달걀, 새우, 밀, 게, 생선 등이 있어.

알레르기를 일으키는 물질이 몸 안에 들어오면 면역계는 **히스타민**이라는 화학 물질을 내보내서 알레르기 반응을 일으켜. 대표적인 증상은 코가 간지럽고, 눈물이 나고, 피부가 가렵거나 붓고, 심하면 숨쉬기가 어려워지지.

알레르기의 증상 대부분은 약간 불편할 뿐이고 원인이 되는 물질을 피하면 금방 좋아져. 하지만 생명을 위협하는 심한 알레르기도 있어. 대표적인 예가 페니실린 같은 항생제에 대한 **아나필락시스** 반응이야. 기도를 막아 죽음까지 부를 수 있는 극도의 알레르기 반응이지.

최근 어린이들 사이에서 증가하고 있는 알레르기 질환으로는 아토피 피부염이 있어. 질병관리청은 우리나라 어린이의 10~20%, 성인의 1~3%가 아토피 피부염을 앓고 있

는 것으로 추정해. 아토피 피부염은 피부가 예민해져서 작은 자극에도 몹시 가렵고 빨갛게 되거나, 심하면 벗겨지기도 하지.

알레르기를 완전히 없애는 건 아직 불가능해. 다만, 적절히 치료하면 증상은 나아질 수 있어. 따라서 알레르기 증상이 생기지 않도록 관리하는 것이 최선이야. 즉 알레르기를 일으키는 물질을 피해야 해. 만약 꽃가루 알레르기가 있다면 꽃가루가 많은 곳을 피하고, 음식 알레르기가 있다면 그 음식이 들어간 식품은 먹지 말아야겠지.

좁아진 숨구멍, 천식

천식은 폐로 공기를 운반하는 작은 통로인 **기관지**가 좁아져서 숨 쉬는 것이 어려워지는 병이야. 천식을 뜻하는 영어 단어 '아스마asthma'는 '숨이 가쁘다' 또는 '숨이 차다'라는 의미의 그리스어에서 유래했지.

천식이 있는 사람의 기관지는 외부의 자극에 매우 민감하고 염증이 잘 생겨. 기관지가 붓고 안은 **점액**으로 가득 차서 구멍이 좁아지지. 숨을 들이마시거나 내뱉는 게 힘들어지는

데, 특히 내뱉는 것이 더 힘들어. 공기가 잘 통하지 않아서 숨 쉴 때 쌕쌕거리는 소리가 나고 기침이 나지.

천식은 예전에는 드문 병이었어. 하지만 20세기 후반에 접어들면서 많은 선진국에서 천식 환자가 급격히 늘어났어. 지금은 전 세계에서 약 3억 명이 넘는 사람들이 천식을 앓고 있을 정도로 흔한 병이 되었지. 천식은 성인에게도 나타나지만, 특히 어린이에게 잘 발생해.

어린이에게 천식이 흔한 이유는 면역 체계가 아직 덜 자라서 알레르기나 감염에 더 쉽게 반응하기 때문이야. 어린이는 먼지, 동물의 털, 담배 연기 같은 환경적 요인에도 성인보다 더 큰 영향을 받거든. 그리고 만약 **가족력**이 있다면, 즉 부모가 천식이라면 자녀도 천식에 걸릴 확률이 높아져.

이처럼 오늘날에는 매우 흔한 병이 되었지만, 천식이 왜 생기는지는 여전히 베일에 싸여 있어. 원인을 모르니 예방하기도 어렵지. 천식 환자의 절반 정도는 먼지, 꽃가루, 동물의 털 등에 대한 알레르기와 관련이 있는 것으로 밝혀졌어. 하지만 나머지 절반은 아직 원인을 잘 몰라. 그래도 어린이 천식 환자의 75%는 어른이 되면 저절로 낫는다고 하니 그나마 다행이라고 할 수 있어.

숨쉬기 어려운 증상이 나타나면 빨리 약을 먹어야 해. 이 약은 일종의 구급약 같은 거야. 좁아진 기관지를 넓혀서 숨쉬기 편하게 만들어 주지. 그리고 **천식 발작**이 생기지 않도록 예방하는 약도 있어. 기관지의 염증을 줄여 주는 약인데, 매일 꾸준히 복용하면 증상이 생기는 것을 예방할 수 있지.

알아두면 힘이 되는 의학 용어 정리

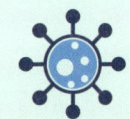

면역계	우리 몸을 질병으로부터 보호하는 방어 시스템. 외부에서 침입하는 병원체를 인식하고 없애는 역할을 함.
히스타민	알레르기 반응과 면역 반응에 중요한 역할을 하는 화학 물질. 염증 반응을 일으켜 가려움, 발진, 콧물, 눈물 등의 증상이 일어나게 함.
아나필락시스	생명을 위협할 수 있는 심각한 전신 알레르기 반응. 두드러기, 호흡 곤란, 혈압 저하, 메스꺼움, 구토, 의식을 잃는 증상이 나타남.
기관지	폐로 공기를 전달하는 통로 역할을 하는 기도의 일부분. 기관에서 갈라진 두 개의 기관지는 폐로 이어짐.
점액	호흡기, 소화기, 생식기 등 여러 기관의 내벽을 덮고 있는 점막에서 분비하는 끈적한 분비물. 점막을 보호하고 부드럽게 하는 역할을 함.
가족력	가족 안에서 어떤 질병이 자주 발생하는지를 나타내는 정보. 어떤 질병에 걸릴 가능성을 미리 알 수 있음.

	심장병, 당뇨병, 천식, 암 등은 가족력에 따라 발생 위험이 커짐.
천식 발작	천식 환자에게 갑자기 나타나는 호흡 곤란 증상.

"건강한 신체에 건강한 정신이 깃든다"라는 말처럼 우리 몸과 마음은 아주 깊은 관련이 있어. 실제로 정신 건강은 신체 건강에 큰 영향을 미친다는 것이 밝혀졌지. 요즘처럼 스트레스가 많은 시대에는 정신 건강이 나빠지는 경우가 많아. 이것은 어린이와 청소년도 예외는 아니지.

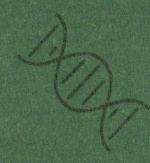

5
마음이 아픈 병

집중력이 떨어지고 산만한, 주의력결핍 과잉행동장애

아동기에 나타나는 대표적인 정신 건강 장애에는 '주의력결핍 과잉행동장애ADHD'가 있어. ADHD는 전 세계적으로 아동·청소년의 3~8%가 앓을 정도로 흔한 병이야. 우리나라도 예외는 아니어서 초등학생의 약 5%가 ADHD 증세를 보인다는 조사도 있어. ADHD는 여자아이보다 남자아이에게서 4~6배 더 많이 나타나.

ADHD 아동은 어떤 일을 할 때 집중하기 어렵고, 쉽게 산만해져. 이를 주의력 결핍이라고 해. 숙제하다가 다른 데 정신이 팔려 끝까지 마치지 못하고, 다른 사람의 이야기를 귀담아듣지 못하고 멍하게 딴생각을 하기도 하지.

ADHD의 또 다른 증상은 과잉 행동이야. 잠시도 가만히 있지 못하고 마치 발에 바퀴가 달린 것처럼 계속해서 움직

이는 거지. 예를 들면, 수업 중에도 자리에 앉아 있지 못하고 계속 일어나거나 손발을 끊임없이 움직이는 경우가 많아. 그리고 다른 사람의 말을 끝까지 듣지 않고 중간에 끼어들거나, 자기 차례를 기다리지 못하고 먼저 해 버리기도 해.

ADHD가 왜 생기는지는 확실하지 않아. 다만 아마도 주의 집중 능력을 조절하는 **신경전달물질**도파민이나 노르에피네프린의 불균형이나 뇌의 기능과 관련 있을 것으로 보고 있어.

가장 효과적인 치료 방법은 약물 치료인데, 환자의 80% 정도가 좋아지지. ADHD의 약물 치료는 적어도 1~2년은 계속해야 해. 물론 약물 치료만으로 모든 것이 해결되는 것은 아니고, 행동 치료 등 다양한 치료를 함께해야 하지.

최근에는 성인 ADHD도 늘고 있어. 아동기의 ADHD를 적절하게 치료하지 않으면 성인기까지 이어질 수 있거든. 성인에게 ADHD 증상이 계속 나타나면 직장 생활이나 대인 관계에서 어려움을 겪는 경우가 많아.

소통과 행동이 어려운, 자폐 스펙트럼 장애

2022년 방영된 드라마 〈이상한 변호사 우영우〉 덕분에

자폐 스펙트럼 장애에 대한 사람들의 관심이 높아졌어. 자폐 스펙트럼 장애는 뇌의 발달이나 성장 장애를 일컫는 신경 발달 장애의 하나야. 스펙트럼이라는 말이 들어간 이유는, 나타나는 증상과 행동의 범위가 매우 넓기 때문이지. 어떤 사람은 생활하는 데 별 어려움 없이 잘 지내기도 하지만, 어떤 사람은 많은 도움을 받아야 할 수도 있거든.

자폐 스펙트럼 장애의 핵심 증상은 크게 두 가지야. 첫 번째는 어릴 때부터 사람들과 어울리는 것이 어려워. 태어난 지 6개월에는 눈 맞추기, 12개월에는 이름을 부르면 반응하기, 18개월에는 엄마와 함께 놀기처럼, 사회적 관계를 만드는 중요한 단계들을 제대로 하지 못해.

두 번째는 관심 분야가 매우 좁고, 같은 행동을 계속해서 반복해. 일정한 규칙에 따라 행동하거나 특정한 것에만 몰두하는 거야. 예를 들면 물건을 줄 맞춰서 똑바로 놓거나 같은 문장을 반복해서 말하는 등의 행동이지.

최근 우리나라를 포함해 전 세계적으로 자폐 스펙트럼 장애가 늘고 있지만, 그 원인은 명확히 밝혀지지 않았어. 아마도 유전 요인과 환경 요인이 함께 작용해서 자폐 스펙트럼 장애가 생기는 것으로 보여.

아직 뚜렷한 치료법은 없어. 약물 치료, 행동 치료, 특수 교육, 부모 교육 등 여러 가지 치료 방법이 함께 사용되고 있지. 중요한 것은 병을 일찍 발견해 관리하는 거야.

마음의 감기, 우울증

'마음의 감기'라고 부르는 우울증은 감기처럼 누구나 걸릴 수 있는 흔한 병이야. 실제 우리나라의 우울증 환자 수는 100만 명을 넘어섰어. 물론 어린이나 청소년도 마찬가지지. 특히 소아·청소년 우울증 환자는 코로나19 팬데믹을 겪으며 20% 가까이 늘어난 것으로 조사되었어.

누구나 살다 보면 가끔은 기분이 가라앉기도 하지만, 우울증은 슬픈 기분이 아주 오랫동안 계속되는 것이 특징이야. 마치 마음에 먹구름이 잔뜩 낀 것처럼 기분이 좋지 않고, 아무것도 하기 싫어져. 친구들과 노는 것도 재미없고, 아침에 일어나기도 싫고, 학교에 가기도 힘들지. 잠을 잘 자지 못하니 쉽게 피곤하고, 학교에서는 공부에 집중하기 힘들어 성적이 떨어지기도 해. 이처럼 우울증은 기분만 나빠지는 것이 아니라 신체 기능에도 이상이 생겨 일상생활을

하기가 아주 힘들어지는 상황을 말해.

　우울증이 생기는 원인은 여러 가지가 있어. 학교생활에 적응하기 힘들거나, 공부를 잘 못하거나, 친구 관계에서 문제가 생겨 스트레스가 심해지면 마음이 힘들고 우울증이 생길 수 있어. 기분을 조절하는 뇌의 특별한 화학 물질에 문제가 생겨도 기분이 나빠질 수 있지. 또 부모가 우울증을 앓았다면 자녀가 우울증에 걸릴 확률이 높다고 해.

　감기에 걸리면 약을 먹고 푹 쉬어야 낫듯이 마음의 병인 우울증도 잘 쉬고 약도 잘 먹어야 해. 무엇보다 중요한 것은 꾸준한 치료야. 친구나 가족에게 자신의 기분을 터놓고 이야기하기, 의사나 **심리상담사** 같은 전문가와 상담하기, 가벼운 운동하기, 햇볕 충분히 쏘이기 등으로 기분을 좋게 만들 수 있어. 또 필요하다면 의사가 처방한 약을 먹으면 큰 도움이 될 거야.

의미 없는 무한 반복, 틱 장애

틱Tic이란 자신도 모르게 몸을 움직이거나 소리를 내는 것을 말해. 예를 들어 눈을 계속 깜빡거리거나, 얼굴을 찡그리

거나, 어깨를 으쓱거리는 것 같은 행동이 자신은 하려고 하지 않았지만 저절로 일어나는 거야. 이런 증상을 '운동 틱'이라고 불러. 또 기침, 콧소리를 내거나 어떤 단어나 문구 등을 반복해서 말하는 '음성 틱'도 있어. 만약 두 가지 틱이 모두 나타나고 1년 이상 계속되면 **투레트병**이라고 해.

틱은 어린이에게 아주 흔해. 전체 아동의 10~20%는 틱 증상을 잠깐씩 겪기도 하지. 증상은 7~11살에서 가장 많이 나타나는데, 성인이 되면 사라지는 경우가 많아.

틱 증상은 일부러 하는 게 아니기 때문에 지적하는 것은 좋지 않아. 증상이 처음 나타났을 때 가장 좋은 방법은 모른 척하고 관심을 두지 않는 거야. 친구와 선생님의 이해와 협조가 필요하지. 친구들과 어울리는 데 문제가 생기지 않도록 환경을 만들어 주는 것이 치료에 큰 도움이 되거든. 만약 증상이 심하면 약물 치료를 하는 것이 효과적이야.

지나친 인터넷 의존, 인터넷 중독

스마트폰이 널리 보급되면서 인터넷은 우리 생활에 없어서는 안 될 중요한 것이 되었어. 하지만 그와 함께 찾아온

반갑지 않은 손님이 있는데, 바로 '인터넷 중독'이야. 조사에 따르면, 우리나라 청소년 100명 중 19명 정도가 사실상 인터넷에 중독 증상을 보이고 있다고 해.

인터넷 중독이란 인터넷을 너무 많이 사용해서 다른 중요한 일들을 제대로 하지 못하는 상태를 말해. 스마트폰 게임을 너무 오래 하느라 학교 숙제를 빼먹거나 잠을 충분히 자지 못하는 경우야. 또 집에서 혼자 인터넷을 하는 것이 친구들과 노는 것보다 더 재미있다고 느끼는 거지.

인터넷 중독에 빠진 사람은 인터넷을 사용하면 할수록 만족을 느끼는 데 걸리는 시간이 점차 늘어나게 돼. 전과 비슷하게 인터넷을 했어도 그 효과가 점점 줄어드는 거지. 이런 현상을 **내성**이 생겼다고 표현해. 또 인터넷 사용을 갑자기 멈추거나 줄이면 불안, 짜증, 분노, 우울감, 집중력 저하, 불면증 같은 **금단증상**이 나타날 수 있어.

인터넷을 건강하게 사용하려면 자기 **통제력**을 회복하는 것이 가장 중요해. 스스로 사용 시간을 관리하고 조절하는 능력을 기르는 거지. 하루 인터넷 사용 시간 정하고 지키기, 운동이나 독서 같은 다른 활동하기, 규칙적인 생활 습관 들이기, 전문가와 상담하기 등이 도움이 될 거야.

알아두면 힘이 되는 의학 용어 정리

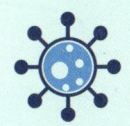

신경전달물질	신경 세포 사이에서 정보를 전달하는 화학 물질. 도파민, 세로토닌, 아세틸콜린 등이 있음.
자폐	소통과 사회적 상호작용의 어려움, 반복적인 행동이나 관심사를 보이는 발달 장애. 증상과 심각도가 사람에 따라 다양하게 나타남.
심리상담사	사람들이 겪는 불안, 우울, 스트레스 같은 감정적, 정신적 문제를 해결하도록 돕는 전문가.
틱	갑작스럽고 반복적으로 나타나는 근육의 움직임이나 소리.
투레트병	자신의 의지와 상관없이 운동 틱과 음성 틱이 반복적으로 나타나는 신경 발달 장애.
내성	약물이나 물질을 반복 사용할 때 시간이 지나면서 효과가 감소하는 현상. 같은 효과를 얻으려면 점점 더 많은 양이 필요함.
금단증상	어떤 약물이나 물질의 사용을 갑자기 중단했을 때 나

타나는 신체적, 정신적 반응. 불안, 떨림, 땀, 불면증, 발작 등 다양한 증상이 나타남.

통제력   자신의 행동, 감정, 욕구 등을 스스로 조절하고 관리할 수 있는 능력.

암은 우리나라 사람 20명 중 1명이 환자일 정도로 흔한 병이야. 암은 나이가 들수록 더 많이 발생하는데, 65세 이상에서는 7명 중 1명이 암 환자라고 해. 의학이 발전하면서 암 5년 생존율은 증가했지만, 암은 여전히 사망 원인 중 1위에 꼽힐 정도로 무서운 병이야.

6
제멋대로 자라는 나쁜 덩어리, 암

암이란 무엇일까?

암은 아주 오래전부터 사람들을 괴롭혀 왔어. 암은 영어로 '캔서cancer'라고 하는데, 이 용어는 고대 그리스의 의사 히포크라테스가 암세포가 퍼지는 모습이 게의 다리와 비슷하다고 생각해서 붙인 '카르키노스'라는 이름에서 유래했어.

암이란 어떤 조직의 세포가 제멋대로 자라는 것을 말해. 정상 세포는 정해진 규칙에 따라서 자라고 죽지만, 암세포는 멈추지 않고 빠른 속도로 무한대로 자랄 수 있어. 늘어난 암세포는 점차 크기가 커져 덩어리종양를 이루게 되지.

암은 자라면서 주변의 조직과 장기를 눌러 압박하거나 침범하고 파괴해서 정상적으로 작동할 수 없게 만들어. 암세포는 정상 세포보다 영양분이나 에너지를 훨씬 많이 쓰기 때문에 환자는 체력이 떨어지고 면역력은 약해지지. 제대로 치료하지 않으면 결국 사망에 이르게 되는 거야.

정상 세포는 원래 자기 위치에서 다른 곳으로 옮겨 가지 않아. 다만, 혈관을 타고 온몸을 돌아다니는 적혈구와 백혈구 같은 세포는 예외지. 하지만 암세포는 혈관이나 **림프관**을 따라 다른 조직이나 장기로 퍼질 수 있어. 이렇게 암세포가 다른 곳으로 이동하는 현상을 '전이'라고 불러. 예를 들면 폐에서 생긴 암세포가 뇌나 간, 뼈 등으로 옮아가는 거야. 이처럼 암세포는 몸속 어디든 마음대로 이동해서 다른 기관의 세포를 공격해.

암은 우리 몸 어디에든 생길 수 있어. 우리나라에서 가장 흔한 암은 갑상샘암이고, 그다음은 위암, 대장암, 유방암, 전립샘암, 폐암의 순이야. 남자는 위암이 가장 많았고, 여자는 갑상샘암이 가장 많이 발생했지. 0~14세 소아에서는 **백혈병**이 가장 많이 생기는 암이야.

암은 왜 생길까?

세포핵 속의 **DNA**에는 세포가 어떻게 자라고 분열해야 하는지를 지시하는 정보가 담겨 있어. 그런데 DNA에 변화, 즉 **돌연변이**가 생기면, 그 세포는 통제를 벗어나 마음대로

자라게 되고 정상적인 기능을 잃어버리게 돼.

돌연변이가 생기는 이유는 아직 명확하게 밝혀지지는 않았어. 다만 유전 요인이나 환경 요인 등이 복합적으로 작용해서 DNA의 돌연변이 가능성을 높인다고 알려져 있지.

부모에게 물려받은 유전자 중 일부에 돌연변이가 포함되어 있으면 암 발생률이 높아져. 그리고 담배나 자외선 혹은 각종 화학 물질에 노출되면 DNA가 손상되어 암이 생길 위험이 커질 수 있지. 또 지방과 열량이 많은 음식이나 술을 많이 마시는 습관도 암 발생 위험을 높이는 요인이야.

암은 어떻게 치료할까?

암 치료는 수술, **방사선 치료**, **화학요법** 등 여러 방법으로 이루어지고 있어. 암 치료 목표는 암세포를 제거하거나 성장을 억제해 환자의 생명을 구하고 고통을 줄여서 더 건강하고 행복하게 살도록 돕는 거야.

수술은 약 5천 년 전의 기록이 남아 있을 정도로 가장 오래된 치료법이야. 암 조직을 몸에서 잘라 내는 거지. 현재도 여전히 암 치료법 중 가장 중요하다고 할 수 있어. 암은 가

능한 한 일찍 발견해서 수술하는 것이 좋아.

　방사선 치료는 뢴트겐이 발견한 **엑스선**을 사용해 암세포를 죽이는 방법이야. 화학요법은 빠르게 분열하는 암세포를 약물로 공격하는 것으로, 20세기 중반부터 사용되기 시작했어. 수술이나 방사선 치료와 함께 사용하는 경우가 많아.

　최근에는 우리 몸의 면역계를 강화해서 암세포를 공격하도록 돕는 면역요법이나, 암세포만이 가진 유전자나 단백질을 목표로 작용하는 약물을 사용하는 '표적 치료법'이 개발되었어. 표적 치료법을 이용하면 부작용은 줄이면서 효과적으로 암을 치료하는 길이 열릴 것으로 기대되고 있지.

　암 치료법은 지금도 계속해서 발전하고 있어. 앞으로는 환자마다 다른 유전자 정보를 파악해 가장 효과적인 치료법을 선택하는 개인 맞춤형 치료법이 도입될 거야.

　암은 치료도 중요하지만, 예방하는 것이 더욱 중요해. 치료법이 많이 발전했다고는 하지만, 치료 과정은 여전히 힘들고 어렵거든. 세계보건기구에 따르면 암 발생의 1/3 정도는 예방할 수 있다고 해. 우리나라의 국가암정보센터에서는 금연, 채소와 과일이 충분한 식단, 금주, 꾸준한 운동 등 건강한 생활 습관을 국민 암 예방 수칙으로 권고하고 있어.

알아두면 힘이 되는 의학 용어 정리

종양	몸의 세포가 비정상적으로 빠르게 증식해 만들어진 덩어리나 혹. 상대적으로 성장 속도가 느리고 다른 조직으로 퍼지지 않는 양성 종양과, 빠르게 자라고 주변 조직을 침범하거나 전이하는 악성 종양으로 나뉨.
림프관	림프액을 몸의 여러 부분에서 모아 림프절로 운반하는 통로.
백혈병	골수에서 백혈구가 지나치게 많이 만들어지는 암. 정상적인 혈액 세포의 생성이 방해받음.
세포핵	유전 정보를 담고 있는 DNA가 포함된 세포 안의 소기관. 세포의 두뇌 역할을 함.
DNA	이중나선 구조로 이루어진 생명체의 유전 정보를 담고 있는 분자. 세포가 어떻게 작동하고 생명체의 특성이 어떻게 결정되는지를 지시함.
돌연변이	DNA의 유전자에 생긴 변화나 오류. 대부분 해가 없지만, 일부는 해롭거나 유익할 수 있음.

방사선 치료	암세포를 죽이거나 성장을 억제하기 위해 고에너지 방사선을 사용하는 치료법. 암세포의 DNA를 손상시켜 세포가 더 이상 자라지 못하게 함.
화학요법	약물을 사용해 암세포를 죽이거나 성장을 억제하는 치료법. 암세포뿐만 아니라 일부 정상 세포도 영향을 받아 탈모, 메스꺼움 등의 부작용이 나타남.
엑스선	눈에 보이지 않는 높은 에너지를 가진 빛의 일종.

사람은 누구나 나이가 들고 늙어 갈 수밖에 없어. 나이가 들면 몸의 구조나 기능이 점점 약해지는데, 이를 '노화'라고 표현해. 노화와 함께 여러 가지 질병이 생길 수 있지. 대표적인 노화 관련 질환은 관상동맥 질환, 당뇨병, 고혈압, 암, 치매, 관절염, 골다공증 등이야.

7
나이가 들어 가며 생기는 병

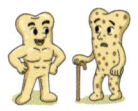

머릿속의 지우개, 치매

치매란 뇌 기능이 망가져서 뇌의 인지 기능이 줄어드는 거야. 인지 기능이란 우리가 세상을 배우고, 이해하고, 주어진 문제를 해결하고, 어떤 결정을 내리는 데 사용하는 정신 능력을 가리켜. 인지 기능에는 여러 가지 능력이 포함되는데, 예전의 경험이나 정보를 저장하고 떠올리는 기억력, 어떤 것에 집중하고 주의를 기울이는 주의력, 말을 이해하고 사용하는 언어 능력, 문제를 인식하고 해결책을 찾는 문제 해결 능력, 상황을 평가하고 결정을 내리는 판단력 등이야.

치매가 생기면 사회생활과 일상생활을 하는 데 많은 어려움이 생길 수 있어. 예를 들면, 기억력이 떨어져서 방금 일어난 일도 기억하지 못하고, 가족이나 친척 등 주변 사람을 알아보지 못하게 되지. 증상이 심해지면 식사하기, 옷 입기, 대소변 보기 같은 기본적인 생활 능력도 잃어버릴 수 있어.

치매 중 가장 흔한 것은 전체 치매의 55~70%를 차지하는 **알츠하이머병**이야. 알츠하이머병은 1906년 독일의 의사 알로이스 알츠하이머가 최초로 보고했어. 알츠하이머병에 걸린 사람의 뇌는 신경 세포의 수가 줄고, 뇌가 **위축**되어 크기가 줄어들어. 그 다음으로 많은 치매는 뇌로 가는 혈관이 막혀 뇌세포가 죽어 버리는 **혈관성 치매**야.

의학의 발전으로 사람들의 수명이 늘어나면서 치매 환자도 크게 늘고 있어. 65세 이상 어른 9명 중 1명은 치매이고 80대 중반 이상에서는 절반 정도가 치매 진단 가능성이 있다고 할 정도거든. 우리나라의 치매 인구는 이미 100만 명을 넘어섰고, 2050년이 되면 300만 명이 넘을 것으로 예상하고 있어.

안타깝지만 치매를 완전히 고치는 방법은 아직 없어. 치매는 일찍 발견하고 치료하면 증상을 완화하고 병의 진행을 조금 늦출 수는 있지만, 완벽하게 치료하는 것은 불가능해. 다른 병과 마찬가지로 치매 역시 예방하려는 노력이 중요한 이유지. 꾸준하고 규칙적인 운동, 영양소가 골고루 들어 있는 건강한 식사, 충분하고 적절한 수면은 치매 예방에 도움이 돼. 그 외에도 독서처럼 머리를 쓰는 활동을 많이 하

고 여러 사람과 즐겁게 지내고, 고혈압이나 당뇨병을 잘 관리하는 것도 치매를 줄이는 데 중요하지.

뼈에 구멍이 송송, 골다공증

골다공증은 말 그대로 뼈에 많은 구멍이 생기는 병이야. 나이가 들면서 뼈는 점차 약해지는데, 뼛속을 채우고 있던 칼슘이나 인 같은 성분이 빠져나가면서 뼈의 강도와 밀도가 낮아지기 때문이야. 약해진 뼈는 작은 충격에도 쉽게 부러질 수 있어.

그런데 문제는, 뼈가 부러지기 전까지는 특별한 증상이 거의 없어서 병이 나빠지는 걸 알기 어렵다는 거야. 그래서 골다공증을 '소리 없는 도둑'이라고 부르기도 하지. 골절이 잘 발생하는 부위는 손목, 척추 그리고 넓적다리 관절이야. 골다공증으로 인한 **골절**은 노년기 삶의 질을 크게 떨어뜨리는 중요한 원인이지.

65세 이상 고령인구가 많아지면서 골다공증 환자도 늘어나는 추세야. 골다공증은 남자보다 여자에게서 5배 정도 더 많이 발생해. 50세 이상 여성의 37%, 70세 이상 여성의

68%에서 골다공증이 발견될 정도지. 왜냐하면 **폐경**을 겪은 여성은 뼈를 튼튼하게 하고 뼈의 밀도를 유지하는 데 중요한 역할을 하는 여성호르몬인 **에스트로겐**이 급격히 줄어들기 때문이야.

  골다공증과 골절을 예방하려면 뼈 밀도 검사를 정기적으로 받는 것이 좋아. 만약 골다공증이 생겼다면 뼈 손실을 막는 약물을 꾸준히 복용하고 뼈 건강에 좋은 생활 습관을 가져야 해. 멸치와 미역 같은 해조류와 우유, 치즈, 요구르트 같은 유제품은 뼈를 튼튼하게 만드는 데 도움이 되는 칼슘과 비타민D가 풍부한 음식이야. 또 햇볕 충분히 쐬기, 규칙적인 운동, 금연과 술 줄이기도 빼놓을 수 없겠지.

알아두면 힘이 되는 의학 용어 정리

알츠하이머병	뇌의 신경 세포가 서서히 손상되고 죽어 가는 질환. 주로 노인에게 발생하며, 경미한 기억 상실로 시작해 점차 일상생활에 지장을 주는 심각한 인지 장애로 발전함.
위축	몸의 조직이나 기관이 크기나 기능 면에서 줄어드는 현상. 세포의 수가 줄거나 세포 자체의 크기가 작아져서 발생함.
혈관성 치매	뇌로 가는 혈류에 문제가 생겨 발생하는 치매. 알츠하이머병과 달리 갑작스러운 변화가 나타나며, 기억력 감퇴, 판단력 저하, 집중력 부족 등의 증상을 보임.
골절	뼈가 부러지거나 금이 간 상태. 강한 외부 충격이나 낙상 또는 뼈가 약해지는 질환으로 인해 발생함. 통증, 부종, 변형, 움직임 제한 등의 증상이 나타남.
폐경	여성의 생리가 영구적으로 멈추는 생리적인 변화. 주로 40대 후반에서 50대 초반에 발생함.

에스트로겐　난소에서 주로 만들어지는 여성호르몬. 월경 주기 조절, 임신 준비, 여성의 2차 성징 발달 등에 관여함.

맺음말

아플 때는 어느 진료과로 가야 할까?

 갑자기 열이 나고, 식은땀이 흐르고, 기침이 난다면 병원의 어느 과에서 진료 받아야 할까? 친구들과 농구하다가 넘어져 발목을 삐거나 뼈가 부러졌다면 어느 과로 가야 할까?

 종합병원에 가면 만날 수 있는 진료과는 내과계 진료 과목, 외과계 진료 과목, 지원 및 전문 진료 과목으로 나눌 수 있어.

 내과계 진료 과목은 주로 수술이 필요하지 않은 병을 다루고 있어. 가장 대표적인 내과만 해도 다양한 세부 분야로 나뉘지. 음식물의 소화를 담당하는 소화기관에 생긴 질병을 치료하는 '소화기 내과', 폐와 기관지에 생긴 병을 치료하는 '호흡기 내과', 심장과 혈관에 생긴 병을 치료하는 '순환기 내과', 당뇨병이나 갑상샘 질환 같은 내분비 기관의 병을 치

료하는 '내분비 내과' 그리고 신장의 병을 치료하는 '신장 내과' 등이지.

그리고 내과계 진료 과목에는 어린이와 청소년의 질병을 치료하는 '소아청소년과', 정신 건강 문제를 상담과 약물로 치료하는 '정신 건강 의학과', 피부 관련 문제를 치료하는 '피부과', 뇌와 신경계 문제를 다루는 '신경과' 등도 포함돼.

외과계 진료 과목은 주로 수술적인 방법으로 질병을 치료하는 곳이야. 여기에는 충수염, 탈장, 치질, 담석증, 위암, 간암, 대장암 등을 진료하는 '일반외과', 여성의 건강과 임신, 출산을 담당하는 '산부인과', 골절이나 디스크 질환 등을 치료하는 '정형외과', 심장 질환이나 폐 질환을 치료하는 '흉부외과', 뇌종양, 뇌경색, 뇌출혈 등을 다루는 '신경외과' 등이 있어.

지원 및 전문 진료 과목은 질병의 진단과 치료를 지원하거나 특정 전문 분야에 집중하는 과들을 말해. 예를 들면 '영상의학과 엑스레이, 컴퓨터단층촬영, 자기공명영상 등 영상 진단', '병리과 조직 검사와 진단', '진단검사의학과 혈액 검사, 소변 검사 등', '마취과 수술 시 마취 관리', '응급의학과 응급 환자 치료' 등이지. 이런 과들은 다른 진료 과목과 힘을 합쳐 환자의 치료가 잘 이루

어지도록 돕는 역할을 해.

 어떤 질병은 여러 가지 치료 방법이 필요할 수도 있어. 예를 들어 암 치료는 내과, 외과, 방사선종양학과 같은 여러 과가 협력해서 진료하지. 환자에게 가장 좋은 치료를 제공하려면, 여러 전문 분야의 지식과 기술이 필요하기 때문이야.

리틀 히포크라테스 08

우리는 왜 아픈 걸까?

초판 1쇄 발행 2025. 12. 10.

글쓴이	박승준
그린이	아몬드초콜릿
발행인	이상용 이성훈
발행처	봄마중
출판등록	제2022-000024호
주소	경기도 파주시 회동길 363-15
대표전화	031-955-6031
팩스	031-955-6036
전자우편	bom-majung@naver.com

ISBN 979-11-94728-21-4　73510

값은 뒤표지에 있습니다.
잘못된 책은 구입한 서점에서 바꾸어 드립니다.
본 도서에 대한 문의사항은 이메일을 통해 주십시오.

봄마중은 청아출판사의 청소년·아동 브랜드입니다.